黄鼠狼毛毛
的中国节

杨炽 文/图

山东人民出版社

国家一级出版社 全国百佳图书出版单位

每逢佳节倍思亲，
月亮代表我的心。

目录

序　　　　　　　　　　　　　　2

正月十五　元宵节　　　　　5

三月三　蟠桃会　　　　　17

五月五　端午节　　　　　29

七月七　女儿节　　　　　41

七月十五　中元节　　　　55

八月十五　中秋节　　　　67

九月九　重阳节　　　　　79

腊月初八　腊八节　　　　89

腊月二十三　小年　　　　99

正月初一　春节　　　　109

序

　　这是毛毛故事的第三本，天、地、人三部曲中的"人和"，它讲的是中国阴历的十个传统节日。

　　人有抱团形成社会的需求，有感情需求。传统节日就是提供这样的机会的日子。节日可以加强人群的内聚力，改善人际关系，增进团结。不论是通过聚餐、互赠礼品、跳舞、游戏、竞技，还是化妆扮演角色，个人可以在节日里交友、求偶，表达自己对他人的感情，减轻日常生活中的精神压力，学习更和谐地与他人相处。

　　每个民族都有自己独特的传统节日，比如西方人过圣诞节，我们过春节。所以过节还是文化传承的重要方式。民俗学家王娟就说："传统节日实际上是我们跟父母、跟祖先、跟历史、跟文化、跟自然交流的一个途径，如果我们不跟孩子一起过节，我不知道是否还有其他更好的途径能让我们的孩子去学习文化，继承传统。"

黄鼠狼毛毛和他的朋友们长大了，他们的心理情感也在慢慢成熟。在传统的节日里，他们学习理解别人的情感；学习平等协商、少数服从多数的游戏规则；学习什么是善良、宽容、原谅、鼓励；弄明白究竟什么是中国人所说的"福"。

元宵节

今年好，
花边把酒，
歌舞醉元宵。

正月十五 元宵节

　　喜鹊老科指着天上那个大圆茄子一样的月亮告诉黄鼠狼毛毛："春节是正月初一。正（zhēng）月是阴历的头一个月。阴历就是看月亮算日子，每次月亮圆了就是十五号，小细月牙就是一个月的开始。"

　　毛毛最近不太愿意正眼看老科，因为他发现他的好朋友——狐狸晶晶最近捡来的一个亮晶晶的铜环被老科偷去了，现在就摆在喜鹊窝里。毛毛不知道自己是应该告诉晶

晶呢，还是干脆给偷回来。反正他觉得这老鸟真是有些毛病。

　　毛毛说："为什么叫阴历？"

　　老科说："因为古人管月亮叫太阴。"

　　毛毛又发现自己聪明了："哈！我知道古人管什么叫太阳（重音在阳上）！"

　　"什么？"

　　可是毛毛想不起来太阳还有什么别的名称了："呃，太阳，就是白天天上那个很亮的那个太阳呗。"

　　假装没看出来老科要笑他，毛毛赶紧问下一个问题："月亮都这么圆了，今天是正月十五吗？"

老科说："今天不是，明天是。我正要告诉你呢，**正月十五日**是元宵节，一年里很重要的一个节！"

"怎么重要？"

"元宵节是一个游戏的节！"

毛毛立起来了，立刻有了兴趣："游戏？就是捉迷藏那样的游戏吗？我喜欢游戏！"

"不是那种游戏。是一边游行一边演戏，那样的游戏。明天城里有元宵节大游行，我领你看去！我知道哪儿能看清楚，又没有危险还好看！"

"噢——！我把晶晶，水獭老五和黑莓，还有呼呼和枭枭都叫上，咱们一块去！"

第二天一早，一只黄鼠狼、一只狐狸、一只喜鹊、两只水獭、两只哈欠连天的猫头鹰就往县城走去。路很远，等他们到了县城外一个小土坡上，藏在一丛灌木后面，元宵节的游行队伍就已经从城里走出来了。人们举着五颜六色的彩旗，穿着花里胡哨的衣服，连脸上都涂了颜色，好看极了。有好几个老爷爷都打扮得像女人；还有两个人打扮成哈巴狗，跳来跳去，老科说那是"狮子"；还有一群人举着一条长长的金龙，上下翻滚。他们还打鼓、敲锣、吹唢呐，发出极大的声音。

　　毛毛想，如果刺猬莎莎在这儿，她非吓死不成。不过莎莎在冬眠，她不能来。小蛇彩虹也在冬眠，在晶晶床上。

　　有人把两条腿都用木头棍接长了，像巨人一样，一步迈好远，老科说那叫踩高跷。还有人假装骑驴，或者划船，其实那驴和船都是她们自己穿的衣服！这真是太神奇了！毛毛没想到平常在地里看到的那些种麦子、种瓜的普通人

会变成这样的奇妙的神人。

　　"老科！怎么大人也玩游戏呀？做游戏不是小孩的事儿吗？"

　　老科点点头："所有的人，不管多老，都需要做游戏。因为人是群体动物，游戏教人怎么合群。这个啊，得学一辈子。"

　　黑莓头一次跟大家一块出来玩，她小声问："那他们为什么要化妆，扮成可笑的样子啊？"

老科把一棵枯草放在自己头上作一头蓬乱的假发，看起来有点可笑："平时每个人都得守很多规矩。我当老师的时候就不能随便放屁。老守规矩就把心拴死了，人就要生病，所以需要放松放松。现在我化妆成一棵枯草，我不是老师了，就可以随便放屁了，就是这个道理。"说着他放了一个顶响的屁。大家都笑了，都开始在附近找能用来化妆的东西。

这儿是县城外，有很多垃圾。老五很快就找到一个印着绿花的小孩裤衩，给黑莓戴在头上，只露两只眼睛。他自己找了一个蛇皮袋，撕了几个洞，把头和四肢都伸出来，说不上像什么。呼呼找了个塑料袋，钻进去，差点把自己闷死；后来他捡了一副没有镜片的眼镜带上了，这下看起来更像一个教授了。枭枭头上插了朵塑料花，脖子上围了块黄绸子。晶晶戴了个破草帽。毛毛先是想做一副高跷，没有成功，后来找了一只红毛线手套，戴头上了，有点像一只公鸡的鸡冠。

毛毛说："咱们开始游行！你们跟着我，我说什么你们说什么，我做什么你们做什么！"

他开始表演：

出门赶上刮大风，刮大风，刮大风，

出门赶上刮大风，刮得我脸朝东！

他们排成一排，后面的扶着前面的屁股，表演刮大风时怎么走路。念到"脸朝东"时，大家都唰一下把脸扭过去。

出门碰到一群蜂，一群蜂，一群蜂，

出门碰到一群蜂，追着我嗡嗡嗡！

大家都加快了脚步，伸出手去轰看不见的蜜蜂。

出门踩了一脚屎，一脚屎，一脚屎，

出门踩了一脚屎，哎呀妈，臭烘烘！

大家都捂着鼻子把一只脚举起来甩，好像想把屎甩掉。

黑莓忘了认生，开始尖声大笑。老五不断用嘴发出放屁的声音，给大家打拍子。老科头上的枯草老是掉下来，他拔了一棵更大的，整个把自己盖了起来。他做各种怪样，完全不是平常那个正儿八经的老师样儿。毛毛觉得这个老科才是他喜欢的老科：也许很难看，很可笑，还有很多毛病，可他没有假装正经。

天晚了，老科顶着枯草去县城街上偷了一个最小的灯笼；毛毛把"鸡冠子"摘了，去偷了一袋元宵。他们回晶晶的家把元宵煮了，黑莓管元宵叫"小月亮"。吃完了半

天大家都不说话，原来是嘴都被粘上了。

终于能说话了，晶晶说："这个节好极了。叫什么来着？"

枭枭说："元宵节。"

老科今天对枭枭有了好感，他补充说："就是圆圆的枭枭的节。"

呼呼大概发现自己不够圆，跟枭枭说："我还饿，咱们抓田鼠去吧！"

老五和黑莓说回去睡觉，老科和毛毛也说该走了。晶晶提起灯笼问老科："可以给我吗？"

老科很高兴有机会承认自己偷了东西，他马上说："当然啦。我偷了你的铜环，不好意思，这个算赔你的。元宵节也叫灯节。"

　　晶晶笑了："哦，我说那个铜环哪儿去了呢！还是这个灯笼好！"说着，他在墙上钉了个木棍，把灯笼挂上了。他说："等明年元宵节再拿着去。"

　　毛毛说："嗯，明年多叫些朋友一块去！朋友越多越好。"

　　晶晶眼睛亮晶晶："对！咱们还可以提前准备化妆！"

三月三

杨柳春风三月三，
画桥芳草碧纤纤。

三月三 蟠桃会

阴历**三月三日**，春暖花开，刺猬莎莎和小蛇彩虹的冬眠也结束了，几个朋友都在杨树下晒太阳。老科说三月初三是个节，是王母娘娘的生日，叫蟠桃会。

毛毛问："怎么玩？"

老科说："有的地方有娘娘庙，人们会把王母娘娘的塑像抬出来游行。咱们这附近没有。"

莎莎说："王母娘娘离咱们太远。"

毛毛想起他在水里看见的河神娘娘的样子："也许咱们可以庆祝河神娘娘的生日？"

晶晶想起自己的妈妈："也许咱们可以给每个动物的妈过个生日？"

彩虹说："好！我喜欢吃生日蛋糕！"

老科说："人家王母娘娘的蟠桃会可不是吃蛋糕，人家是吃蟠桃和长寿面，这是老规矩。"

莎莎说："现在没有蟠桃，刚开过花，早着呢。"

　　彩虹对面条这种跟自己一样长的东西一点也不感兴趣："吃寿面没意思，上面也没法放蜡烛，也没法许愿，也没法一边吸溜面条一边唱'祝你生日快乐'。"

　　他们正在讨论这个传统节日到底是应该吃寿面还是吃蛋糕，天空中忽然掉下来一个大火球，差点砸在老科的喜鹊窝上。火球落地还没灭呢，上面又掉下来一个男孩，也没摔死，就是摔了个屁股蹲儿。大家都吓了一跳，赶紧靠边。

　　老科说："你是那个，那个，那个哪吒。"
　　哪吒说："你怎么认识我？"

老科指着火球说："风火轮，踩风火轮的只有哪吒。"

毛毛、晶晶和莎莎都不敢跟神仙哪吒说话，可彩虹觉得这个机会不能错过："哪吒，今天蟠桃会，您不在天上待着，上这儿来干什么呀？"

哪吒脸上红一块白一块的，头上直冒热气。他用脚在地上划着道道儿："我跟我爸打架，打不过他，他要用宝塔扣我，我就跑这儿来了。他没扣着我。"

彩虹又问："干吗打架啊？"

哪吒歪着脖子："不光我跟我爸打，天上全在打。就为蟠桃会吃什么的事儿打。我爸说要吃蟠桃寿面，我说要吃蟠桃蛋糕。还有神仙要先吃完寿面再吃蛋糕的，还有要吃巧克力蛋糕的，还有要吃奶油草莓蛋糕的，还有要把蟠桃做到蛋糕里面去的，还有说寿桃如果做成蛋糕就不叫寿桃了的。整个一团糟，谁也不让谁，打成一团。气得王母娘娘说生日不过了，让你们什么也吃不着。"

晶晶听说什么也没的吃，就说："得。"

莎莎说："不应该打架，要好好商量。"

哪吒说："你跟他商量，他不跟你商量。他要我让着他，就因为他是老子，我是儿子。我凭什么老让着他啊？！"

毛毛想到蛋糕没有了，说："得。"

彩虹觉得晶晶和毛毛都表现得比较弱智："你俩别光说'得'，好不好？"

哪吒说："不打架怎么办？搁你们身上，你们怎么办？"

老科说："这事儿其实不难。搁我们这儿，我们就投票决定，少数服从多数。"

哪吒没听说过投票："投什么票啊？"

　　老科就把怎么投票，投完了票怎么少数服从多数仔细给哪吒讲了一遍。

　　哪吒说："哦。那我的主张要是少数，我就得听他们的？"

　　晶晶说："那也比什么都吃不到强啊，还不挨打。"

　　哪吒想了想："可也是。那我回去跟王母娘娘说说，让她组织投票吧。谢谢你们几位。请问几位都是干什么的啊？"

几个小朋友不知道怎么回答。还是老科经验多，他很随便地晃了晃头："我们都是开会大仙儿。专门管什么少数服从多数啊，谁先发言谁后发言啊，每个人发言说几分钟啊，这类怎么开会的事儿的。"

毛毛说："对。你们以后有这类问题就来问我们。"

彩虹说："对。来咨询我们。"

哪吒没听说过这个词："咨询？"

"对，咨询我们，您有什么事儿不清楚，我们能告诉您的，您就咨询我们。我们很专业的。"

哪吒登上风火轮回天上去了。毛毛问彩虹："我咨——询咨询你，咱们做什么蛋糕啊？"

晶晶兴奋地说："咱们投票吧！"

莎莎说："咱们别投票了：巧克力咱们没有，蟠桃咱们没有，奶油没有，草莓没有，投票也没有。咱们有什么吃什么吧。我说毛毛你去整点蜂蜜，晶晶你和彩虹去找几个鸡蛋，回来我给你们做蜂蜜鸡蛋糕吧！"

老科跟毛毛说："我知道哪儿有蜜蜂窝，我领你去。

你先把鼻子上涂上一层泥，别让蜜蜂蜇了。"

后来他们就做了蛋糕，点了蜡烛，吃了蛋糕，都说好吃；也祝了王母娘娘生日快乐。虽然王母娘娘还是离他们很远，可是大家想象着这个老太太生气地大叫"生日不过了，让你们什么也吃不着"时就觉得她挺可爱的，跟自己身边的动物也差不多。

毛毛把最后一块蛋糕渣子塞进嘴里，高高举起空盘子假装要砸："生日我不过了！你们打吧！咱们今天什么也别吃！"

晶晶把盘子叼住，小心地放下："娘娘别生气，咱们还是投票吧！"

端午节

看龙舟，看龙舟。
两堤未斗水悠悠。
一片笙歌催闹晚，
忽然鼓棹起中流。

五月五　端午节

　　阴历**五月五**是端午节。初四那天几个朋友正好在大杨树下乘凉，老科说："端午节可是有故事的。"

　　毛毛说："那你给我们讲讲吧。"

　　老科跳到大石头上，拉开架势，正准备讲故事，彩虹抬起头说："我也知道端午节的故事，是大黑龙讲给我姥姥，我姥姥讲给我妈，我妈讲给我的。"

　　老科说："哦，那你讲吧。我听听咱俩的故事一样不一样。"

　　于是彩虹讲了下面这个故事：

　　"很久很久以前有一个国家叫楚国。楚国的国王就是楚王啦。他不是太聪明，而且他自己也知道，所以他嫉妒比他聪明的人。楚王有一个大臣，叫屈原。屈原不光聪明，人也善良。楚王就总怕这个屈原会把他推翻，自己当国王。

　　所以楚王就说自己不是普通人，而是一个'真龙天子'，是龙。
别的人不能当这个国王，只有他能，因为他是'真龙天子'。
结果这个话就传到龙的耳朵里去了，龙呢就都听说了有个
楚王说自己也是龙。那么有一条特别好奇的龙就想来看一
看究竟。

　　　好奇龙来到王宫里一看，楚王并不是龙，就一个普通
人。而楚王呢，从来没见过真的龙。真龙来了，楚王一看，
哇这么大！这么凶！他就吓尿裤子了。"

讲到这儿毛毛忽然大叫："等等，先别讲，等我去撒泡尿。"

然后晶晶说："我也去。等着啊，等我们回来再讲。"

过一会儿他俩回来了，彩虹又接着讲：

"后来楚王就把卫兵叫来了，把好奇龙给抓起来了，关在水牢里。

可是楚王害怕龙的事儿让卫兵看见了啊，尿裤子的事儿也有人知道了啊，楚王觉得丢脸了，他怕回头全国都知

道这事儿，他这国王就当不下去了。他就命令屈原黑夜里领着卫兵先把这条龙给杀了，然后再把这些卫兵也都处死。可是屈原善良，他不愿意杀龙，也不愿意杀人。他就夜里领这帮人带着龙出去，把龙放了，也把卫兵都放了，让他们逃命。

屈原第二天早上来望江楼上见楚王，楚王说：'好啊！你敢背叛我！'就要杀他。"

莎莎说："这个屈原有点缺心眼，他不应该回来。"

毛毛说："不是说了吗？他善良。善良的人就没有坏心眼，他就想不到楚王会害他。"

晶晶说："那楚王已经告诉他要杀龙，杀人。他应该能想到！能杀他们，就能杀你！"

彩虹说："你们听我把故事讲完！"

"楚王要杀屈原，屈原就跑，楚王就拿着刀追。望江楼下面就是一条大河。屈原没地儿跑了，就只好跳河里去了。屈原沉入河底，眼看要淹死了，让等在那儿的龙给救了。"

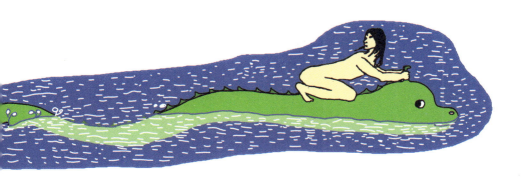

毛毛小声跟晶晶说："我上回差点淹死是让河神娘娘救了。"晶晶点点头。

彩虹瞪他们俩一眼，又接着讲：

"屈原让龙给救了，楚王又派兵划着船去追，他们在水里哪里追得上龙？！老百姓看见官兵追屈原，追龙，他们都喜欢善良的屈原，他们就拿黏米饭团往水里扔，喂龙吃，好让龙长了力气，游得更快。就这样龙驮着屈原到龙国去了，他后来在那儿幸福地生活了一辈子。"

　　大家听得津津有味。莎莎很满意地说："我喜欢故事结尾是'幸福生活一辈子'的。"

　　老科听得目瞪口呆："哈？你这个故事跟我听的故事可不一样。"

　　彩虹扭扭脖子："我知道！你的故事是不是说屈原跳河自杀了？我也听过那个故事。你那个故事是楚王编的，我这个故事是龙给我们讲的。你们愿意相信哪个故事随你们便，反正我觉得龙的故事比较靠谱。"

大家都低下头考虑这个问题。

毛毛问："屈原干吗自杀？"

晶晶也把头歪过去，使劲儿想这个问题："是啊，他为什么自杀呢？"

老科说："我的故事说是因为有人背后说他坏话，他觉得委屈了，就自杀了。"

晶晶皱起眉头，表示不好理解。

莎莎慢慢说："哼……那端午节都怎么庆祝呢？"

老科说："划龙舟比赛，吃粽子。粽子就是那个黏米饭团子，用叶子裹起来。我吃不来那个，嘴一进去就拔不出来了。"

莎莎点点头："那我觉得还是彩虹的故事有道理。如果屈原自杀了，老百姓今天为什么比赛龙舟啊？有划龙舟比赛就说明屈原当时在河里没死，有一个划着船追那么回事儿。如果他死了就没必要追了。"

大家都皱着眉头看莎莎，他们都点点头："有道理。有道理。"

说到龙舟，毛毛说："咱们明天到河边去庆祝端午节吧！咱们没有龙舟，玩玩水也行啊。"

彩虹说："我同意。要不咱们来个游泳比赛吧。我给你们看一看我'小龙女'的游泳功夫！"

莎莎说："你的故事讲得真好！我就不会讲故事。

女儿节

七夕今宵看碧霄，
牵牛织女渡河桥。

七月七 女儿节

阴历**七月初七**，白天大热了一天，小朋友们到了晚上都坐在大杨树下乘凉，跟老科聊天。毛毛说："阴历一月一是春节，三月三是个节，五月五是端午。今天七月七，我猜也是个节。对不对？"

喜鹊老科一怔："今天七月七？还真是。今天是女儿节，而且我有故事给你们讲。"

莎莎很高兴："女儿节就是我和彩虹的节。"

大家都来神了，坐得紧些，好听清楚。

"七月七，也叫七夕，意思就是初七晚上。还叫女儿节、乞巧节。在我们喜鹊当中，这个节还叫喜鹊节。听了我的故事你就明白为什么叫喜鹊节。"

彩虹看看大家，微笑着说："因为这个故事是喜鹊编的。"

老科在大石头上走了两步，一个向后转："还真不是

编的。这是真事儿，而且故事里的喜鹊就是我太姥姥。"

"很久以前有一个孤儿，他有一头牛。人家就管他叫牛郎。他家旁边一棵树上住着一只喜鹊姑娘。这只喜鹊就是我太姥姥。喜鹊姑娘看着这牛郎从小孩慢慢长大，每天放牛，人很好，她就爱上他了。喜鹊姑娘想：可惜牛郎是个人，我是个喜鹊，不然我就嫁给他，给他做饭，给他缝衣服，给他修房子，因为我手很巧，什么都会做。如果老天爷把我变成人就好了，我真爱他。可是我变不成人，牛

郎也不会要娶我。所以我还是不要告诉他的好，不然他会为我伤心，我不能让他伤心。

喜鹊姑娘就这样每天矛盾着，牛郎去放牛，她就站在牛屁股上，就为了离他近一点。

牛郎也挺喜欢这只喜鹊的，不过他不知道喜鹊姑娘的心思。

后来天上一颗织女星变成一个姑娘到人间来玩，碰到了牛郎。这个仙女聪明活泼又漂亮，牛郎当然一下子就爱上她了。织女星也喜欢牛郎，就跟他结婚了，在人间过日子。他们还生了两个小孩。

喜鹊姑娘很难过，不过看到牛郎很幸福，她又觉得自己不应该抱怨，只要你爱的人幸福就行。

可是天上的王母娘娘不这么想。她发现织女星跑了，不在天上织布了，就派白虎星来抓。白虎星抓起织女就往天上飞，就像老鹰捉小鸡。牛郎在地上拉着两个孩子干瞪眼，一点办法没有。喜鹊姑娘飞起来就去追，飞到织女身边了，织女星就从手上摘下一个孔雀蓝的戒指交给喜鹊。她说：

'我知道你喜欢牛郎。这个戒指有魔力，或者让你长生不老，或者让你变成人。你变成人，照顾牛郎和我们的孩子吧！我怕从此再也见不到他了。别让他一个人受苦。' 白虎星飞快了，喜鹊跟不上了，只听见织女星远远地嘱咐：'别忘了！只能实现一个愿望！'"

莎莎和彩虹听得好紧张，莎莎紧攥着拳头，彩虹也随

着老科的动作不停地晃动。

老科一边比画一边讲："看织女消失在天边，牛郎放声大哭。他感动了老牛。老牛说：'别哭了。我本来也是天上的神仙，被罚下来耕地的。现在老了，我可以退休了。我带你和小宝贝上天去吧。大不了王母娘娘跟我发发脾气。'牛郎就把两个小宝贝装在筐里挂在牛身子两边，自己骑上去，他们一家三口就让老牛驮着慢慢往天上飞去。

喜鹊姑娘正在犹豫是不是一落地就变成人，然后告诉牛郎织女托付她的事儿，结果一落地发现牛郎已经乘老牛上天去了。她伤心极了：她爱的人心上根本没有她，连声再见都没说，就走了。喜鹊姑娘哭了。"

听到这里，莎莎眼泪流下来了。毛毛拉拉她的手："你要不是这么多刺儿，我一定抱抱你。别哭了，最后会有好结果的。"

老科清了清嗓子，接着讲："牛郎带着孩子来到天上，

王母娘娘正在发火。因为过去仙女是不许到人间乱跑的，她们和谁结婚也都是王母娘娘定的。怎么可以自己跑去跟随便什么男人结婚？！娘娘的面子没了。老牛怎么劝也没用，娘娘就是咽不下这口气。可是织女和牛郎已经结了婚，牛郎也已经追到天上来了，王母想了想，就用一个头上的金发钗这么一划，造出一条银河来。这条银河就把牛郎和织女给分开了，牛郎和孩子在河这边，织女在河那边，谁也过不了河！"

　　说着老科用翅膀给大家指着天上看："喏，这是银河。这是牛郎星，这是织女星。"

　　晶晶说："哇，那怎么办呢？"

　　"织女星要疯了，她想织一条彩虹，从银河上跨过去。她就不停地织啊织。可是她织的缎子是软的，挺不起来，掉到银河里就化了。她多希望变成一只鸟，从银河上飞过去，可是能帮她变成鸟的那个魔法戒指给了喜鹊姑娘了。

喜鹊这时在人间只想忘掉牛郎，每天拼命捉虫子，努力过一个普通喜鹊的日子。可是到了晚上，她还是忘不了，她还是想牛郎。一天夜里她忽然下了决心：飞到天上去看看牛郎过得怎么样。如果他们夫妻俩过得挺幸福的，也许能帮助自己放下这个心事。

喜鹊好容易飞到天上，发现牛郎织女不但没有幸福，还麻烦大了。他俩要想团聚，除非在银河上架桥，可他俩又没有架桥的东西，也不会架桥。喜鹊赶紧回到人间，找了世界上所有的喜鹊，请他们一只鸟叼一根树枝运到天上去。她给大家看自己的孔雀蓝戒指，保证他们上了天，都能找到亮晶晶的宝物。这样所有的喜鹊都叼了树枝上天，喜鹊姑娘就用树枝在银河两边编织了两个圆筒隧道。到了七月初七晚上，两边的隧道都编好了，她就在中间把它们接起来了。这样一个树枝编的隧道桥就在银河上架起来了。中间对接的地方怕不牢固，喜鹊姑娘就把魔法戒指从脚上摘下来，固定在隧道上了。她说：'魔戒：我只有一个愿望：
愿这个桥永远不坏。满足我的愿望吧！'

　　后来牛郎和织女就通过这个桥团聚了。因为桥不会坏，
他们就永远过上了幸福的日子。织女发现隧道中间固定的
魔戒，她就哭了。因为她明白喜鹊姑娘爱牛郎胜过爱自己
的生命。她为了保这个桥，自己变人的机会也不要了，长
生不老的机会也不要了。
　　后来我太姥姥回到人间就找了一个好喜鹊，结婚了。

她也过了幸福的一辈子。等她老了，她就把这件事讲给我姥姥听了。这个故事就这么传下来了。"老科点点头。

大家都很感动，半天不说话。彩虹叹了一口气："你太姥姥这辈子没白活。"

晶晶点点头："看来七夕是应该叫喜鹊节。"

毛毛说："谁爱我？别不告诉我啊！等仙女来找我，你就没机会了！"挠挠头，又问："七夕吃什么啊？"

中元节

天地有中气，
第一是中元。

七月十五 中元节

　　阴历**七月十五**中元节到了。一大早呼呼和枭枭碰见毛毛在河边找早饭吃。呼呼很神秘地说："昨天夜里我俩见到鬼了！"枭枭使劲儿点点头："可能是以前淹死的猫头鹰。"

　　呼呼对这一点有些怀疑："不是猫头鹰，我觉得它没有翅膀。"

　　毛毛说："去年水里有一只猫鬼，每天上来吓唬人。"

　　莎莎这时也路过，听到说"猫鬼"，就说："猫鬼那年咱们不是已经放河灯给救了吗？怎么又有猫鬼？"

　　"没准咱们没救成功。"毛毛说。

　　"那它在水里又待了两年？多可怜！"

　　枭枭问："怎么救？怎么救？我们也要去救猫鬼。"

　　莎莎说："那你们今天晚上过来，咱们一起做了河灯去放。"

　　傍晚还没完全黑，呼呼和枭枭就来到了大杨树下。老

科也从树上飞了下来。

毛毛说："老科，那年你说中元节还叫什么盆儿来着？"

老科说："盂兰盆节，是印度话。"

"哦。那咱们那年也放了河灯，怎么这只猫鬼还没有托生，还在这儿吓唬人呢？"

老科说："如果河灯沉下去了，那就有一个鬼托生了。如果河灯靠岸了，就有一个鬼直接上天堂了。你们那年放的河灯沉了吗？靠岸了吗？"

毛毛说："没有。我们美丽的河灯顺着河飘呀飘，最后大概都飘到大海里去了。"

"那不管用。"

晶晶问："那我们用石头把它砸沉了行吗？"

莎莎说："那肯定不行！得鬼自己把它抓下去。"

彩虹说："我觉得应该是鬼自己的亲属来放河灯才管用。要不然它怎么知道你放的河灯是为它放的？"

呼呼说："我觉得应该是谁害死的鬼，谁来救。必须得认错、后悔才管用。"

毛毛说："那这只猫鬼完了，它的主人害的它。那个

人大概一点良心都没有，他才不后悔呢。"

　　听了这话，老科把头低了下去，越来越低，最后把头藏两腿中间了。

　　莎莎说："老科，你找什么呢？"

　　老科把头从腿中间拿出来："咳，咳！"

　　大家都盯着他看。

　　老科说："记得我跟你们讲的那只猫的事儿吗？"

　　毛毛说："记得啊，你说金丝雀自己跑了，主人赖猫，

认为是猫给吃了，然后主人就把小猫给淹死了。”

　　老科叹口气："咳，金丝雀自己怎么跑得出笼子呢？是我把笼子给打开的。”

　　彩虹说："你想救金丝雀，是吗？”

　　老科说："咳，我当时还真没想救金丝雀。我是看她那个笼子里的小水罐儿好看，青花白底儿。我想拿那个水罐儿。”

　　毛毛说："哦，我说你从哪儿捡来那么好看的一个小罐儿呢，我在你窝里见过。你的宝贝真多。”

　　老科看着地说："我是一个收藏家。”

晶晶说："得，搭上猫咪一条命。"

莎莎瞪了晶晶一眼："老科，金丝雀肯定特感激你！"

老科没精打采地说："再没见到金丝雀，没准又让人逮去了。她一点野外生存的本事也没有，从小就在笼子里长大的。"

大家都不知道说什么，既为小猫咪叹息，又觉得老科总还是个老朋友。人家已经承认错误了，不能总怪他。

最后枭枭说："哎！你后悔了，正好咱们一起去放河灯。我打赌你的河灯能把猫咪给救了！"

他们就都做了河灯，晚上到河边去放。

呼呼说："我在城里偷看过他们的中元节。大概光放河灯还不行，我还看见一群和尚念经呢。"

毛毛问："念经怎么念？"

呼呼把两个翅膀合在眼前，嘟嘟囔囔没有语调地说："哆里哆嗦，迷里迷糊，疙里疙瘩，吃多咖喱，梭哈梭哈，咕嘟咕嘟，阿咪豆腐。"

毛毛说："豆腐我懂。阿咪豆腐是什么意思啊？"

呼呼说："大概是'我吃豆腐'的意思。一群和尚比赛看谁念经念得快，谁先念完了，谁就可以先去吃豆腐。"

"干吗吃豆腐啊？吃肉多好。"

"人家是和尚，吃素。"

毛毛说："哦，明白。"

他们都在水边放自己的河灯，毛毛、枭枭、莎莎都去抢老科的河灯，说要帮他放。最后还是枭枭抢到了，她抓着这个河灯飞到河中心去放，放之前先偷偷在'船'底啄了一个洞。

看着河灯向下游飘去，大家都学着呼呼念起了托生的经。

　　毛毛很快地说："哆里哆嗦，糊里糊涂，疙里疙瘩，咖喱咖喱，吃了咖喱，嘟嘟囔囔，不吃豆腐，阿咪田鼠！"

　　晶晶也很快地说："哆里哆嗦，乌隆乌隆。猫咪迷糊，吃多了咖喱，梭哈梭哈，梭哈梭哈，梭哈梭哈——阿咪豆腐——（停顿了一下）炖兔子。"

　　彩虹说："哆里哆嗦，啰里啰唆，要想托生，赶紧抓灯，别再啰唆。"

　　莎莎说："哆里哆嗦，迷里迷瞪，迷里迷瞪，看老科的河灯！"说着用手指河心。

大家都看老科的河灯，飘到河中央，就开始打转，然后慢慢下沉。

　　"哦！！"他们都欢呼，"猫咪托生了！"

　　莎莎对老科说："猫咪托生了。你不用难过了！阿咪多福！"

　　大家都点点头："猫咪多福！"

　　老科也高兴了："是我的河灯把猫咪救了！"

中秋节

中秋明月故人心，
悲欢离合古犹今。

八月十五 中秋节

阴历**八月十五**中秋节快到了，月亮一天比一天圆。每年到这个时候，老科都会想起他死去的老婆盼盼。别的家庭都团聚了，可是盼盼不会来了。想到这儿，老科总有几天不想吃饭，无精打采。

中秋节前一天老科飞到河对岸，在一棵大树下的草地里找虫子吃。他找出一只蟋蟀，看着它发呆。站了好长时间，老科觉得悲伤把自己吃掉了。他忘了自己家在哪里，有没有什么亲人朋友，也不知道下一步要干什么。蟋蟀一看："噢，您不吃我。天不早了，那我先走了啊。"就瘸着腿走了。天黑了，老科还在草地里蹲着，他忘了自己是一只鸟，可以飞的。

这天晚上老科没有回家，毛毛天一黑就发现了。最近他觉得老科有些不正常，所以每天傍晚都要爬上大杨树去看看，看老科怎么样。毛毛从树上下来就去找晶晶和莎莎："老科没回来。不知道是不是出事儿了。咱们到他常去的

地方看看吧。莎莎，你要是见到呼呼和枭枭他们，让他们也帮忙找找吧。他们眼睛夜里好使。"

大家都找了大半夜，也没找到老科，只好回来睡觉，第二天再说。

毛毛说："得，都说中秋节是大团圆的节日，老科是我唯一的亲人了，他再没了，我这中秋节就只能一人过了。"

莎莎说："别这么说，我们都是一家人。老科也丢不了，肯定能找到。"

第二天河对岸草地里来了两个奇怪的人。一个穿着古代的衣裳，像一个老道。另一个胖胖的老头，却是只兔子。

他们俩是从月亮上飞来的兔儿爷和吴刚。他们知道中秋节地球上人们会想着他们，还会做月饼吃，所以他们决定来找点月饼拿回去，也顺便给碰上的人添点乐。

兔子说："快走。这儿没有妖怪。你不用那么张牙舞爪的。"吴刚说："我这叫打草惊蛇。哎，咱们以前每一次都是来给人看病，你说这回就真不瞧病了，拿了月饼就回去？"

兔儿爷耸耸肩："碰上病人就看病，碰不上病人就不看病。"

正说着，吴刚差点踢到了在草中蹲着的老科："哟，这喜鹊怎么在草丛里蹲着啊？差点儿让我踢着。"

兔儿爷一看："这喜鹊有病了。这就是你今天的病人。"

吴刚说："真的啊？"说着把老科给捧了起来，拉开左边翅膀看了看，拉开右边翅膀看了看，"没毛病！他怎么不飞呢？"

兔儿爷把老科接过去，托起他的下巴，看了看他的眼睛，老科没反应。兔儿爷伸出一只手指在老科眼前，从左边移到右边，老科没兴趣。兔儿爷点点头："大概是抑郁症。"

吴刚说："鸟类会抑郁吗？"

兔儿爷说："当然会。连你这么个聪明人都会抑郁。这只鸟很有哲学家，或者是诗人的气质，他肯定会抑郁。"

"那你说他，一只鸟，为什么抑郁呢？"

"我又不是他，怎么会知道他为什么抑郁？没准他老婆死了，中秋节来了，他想她。你为什么大老远跑地球上来找你重——重——重孙子？不也是因为你希望身边能有家人吗？每逢佳节倍思亲，听说过吗？"

一滴眼泪从老科的眼角流下来："每逢佳节倍思亲。我教过这首诗，我害了盼盼。"

兔儿爷把老科放在树墩上，自己坐在地上："你好。

我是兔儿爷，心理医生。你叫？"

　　"我叫老科。"

　　"你是老师？"

　　"过去是，现在退休了。"

　　"盼盼是谁？"

　　"是我老婆。"

　　"盼盼怎么死的？"

　　"被猎人一枪打死的。"

"为什么说是你害的？"

"那天是我建议去那片树林去捉虫子的。"

"因为你知道猎人在那儿等着呢？"

"我不知道。我要是知道，能建议去那儿吗？！"

"那你没有害她，为什么说是你害的呢？"

老科难过地说："我总觉得对不起她。"

兔儿爷也苦着脸："你是不是觉得没给她吃好虫子，没给她建个好窝，没照顾好她下蛋，没天天夸她漂亮，没帮她梳理羽毛？"老科大哭。

兔儿爷接着问："冬天没给她买皮袄，夏天没给她买冰棍？没给她摘星星？"

老科不哭了："买什么冰棍？摘星星不是我能做到的。"

兔儿爷说："对啊，不能做到的事儿就别跟自己没完没了。盼盼不在了，你伤心也不能把她弄回来，你现在有没有亲人？"

老科说："我有个干儿子黄鼠狼毛毛。"

兔儿爷说："好！有亲人朋友很重要，黄鼠狼也不要紧。我告诉你健康的脑子应该怎么想问题啊，就两条：

　　第一，生命很短，要快乐过好每一天。

　　第二，要欣赏爱护你现有的亲人、朋友。别等他们死了再后悔。

　　就这么两条，毛毛现在在哪儿呢？"

　　老科想了想，眨了眨眼："大概在我家附近到处找我呢。"

　　兔儿爷说："那你应该怎么办？"

　　老科说："赶紧回家跟他过中秋节。"说完他扑腾扑腾翅膀，可是没有力气。"不行，我飞不起来了。我家在河对面呢，回不去了。"

吴刚在旁边说："大概好长时间没好好吃饭了吧？没事儿，我们开 UFO（也叫不明飞行物）送你回去。"

于是吴刚和兔儿爷开 UFO 把老科送回了家。毛毛看到老科回来了，高兴极了。大家也都说中秋节到底还是大团圆了。

彩虹看到大名鼎鼎的好大夫吴刚和兔儿爷非常兴奋。

她想自己如果能跟他俩学医，给小动物看病，那该多好啊！

当大家都围坐在大杨树下，吃着火烤栗子，看着圆圆的月亮，听兔儿爷和吴刚讲月亮里嫦娥阿姨的故事的时候，彩虹假装去找柴火，悄悄钻进了 UFO。

重阳节

秋未霜，菊正芳。
九月九日是重阳。

九月九 重阳节

　　老科虽然被送回来了，也开始正常吃东西，但他说他的翅膀还是没劲，飞不起来。所以大杨树上自己的窝他是回不去的，只好让毛毛和晶晶临时在树下搭了个棚住下，每天让毛毛、晶晶和莎莎给他找吃的。毛毛和晶晶管这个棚叫"鸡窝"。

阴历**九月初九**早上毛毛说："老科，今天九月九，是什么节？"老科说："重阳节，是一个老年人登高锻炼，看菊花、喝菊花酒的节。跟你们没关系，呃，不是你们这些小孩子的节！"

毛毛说："那跟你有关系啊，你老这么着可不行！你得锻炼！哪儿有鸟不能飞的？！"

莎莎说："有！鸵鸟就不飞。"

毛毛说："那老科也不是鸵鸟啊。再说鸵鸟能跑啊，老科又不能跑。"

晶晶说："老科，要不你练长跑吧，每天我陪你出去跑。"

毛毛说："我知道了！小鸟怎么学飞？都是先在树上学滑翔。咱们要是有一根绳子，能把老科拉在树上，他就可以练习滑翔了。"

莎莎说："上哪儿找那么长的绳子啊？老科的窝离地十米，绳子得二十米才行。咱们还不如上山，杏树那边有一个小悬崖，从那儿没准能滑翔。晶晶，你把老科背上山去吧。正好今天是重阳节，是老年人的节。咱们应该帮助

老年人锻炼身体。"

毛毛看见晶晶皱了皱眉头，就模仿莎莎说："晶晶，你把老科背山上去吧，反正他没有重量。"

莎莎发现自己给晶晶派活儿是有点不合适，就补充说："重量肯定有，不过你还能练劲儿哪。我要有你那么大个儿，我就背。"

晶晶笑笑说："你要是有我这么高，你就危险了，一身刺！"

毛毛同意："现在就很危险！"

老科笑眯眯地看着他们，不说话。自从兔儿爷开导了他，他脾气特别好，特别享受这些小朋友对他的照顾。

晶晶还是不太想背着老科爬山："呃，老科，你练太极拳吧！太极拳对老鸟非常有好处，可以锻炼尸体。"

毛毛大笑："锻炼尸体干什么啊？都尸体了，就不用锻炼了！"

晶晶也笑了："我说的是锻炼身体！"

老科说："不练！年轻的时候学过，这么着是野马分鬃，这么着是白鹤亮翅！"他一边说一边演示，"干吗白鹤啊？

干吗不喜鹊亮翅啊？再说谁家鸟这么亮翅啊？就是摆样子。我练它三百遍，不能飞也还是不能飞。"

晶晶一看，背老科上山是躲不过去的了，一歪头："走吧，你站我屁股上，咱们上山去喽！"

毛毛跟在晶晶身边，他跟老科说："你飞不起来也可以扑腾扑腾吧，你一扑腾晶晶就觉得轻了。来啊，一二三，飞！二二三，飞！"

老科最近被他们喂得挺好，其实力量早就恢复了。他不飞，一是懒，觉得被一群小动物整天伺候着，挺舒服；二是让一帮小毛头指挥，他也不愿意。今天让毛毛这么逼

着锻炼，他终于烦了，心想，你把我当幼儿园的小朋友哪？！还"一二三"！我给你们几个小毛头一点颜色看看。趁晶晶停下来喘气，他一边叫"一二三，你给我飞！"一边抓紧了晶晶两只后脚，使劲一扑扇翅膀，就把晶晶的屁股提起来了，两只后脚离地好高。晶晶感觉就像玩"推独轮车"一样，大叫："啊！我的屁股要飞了！喔！我要翻过去了！"然后就紧倒前脚，被老科推着向山上飞奔而去。

　　到了山顶上，老科把晶晶推进了一大丛盛开的菊花，松了手，自己就飞上了天。他盘旋了半天，欣赏欣赏好久没看的秋季美景，看了看毛毛他们几个在下面吃惊的样子，就暗自笑着飞回自己大杨树上的老窝去了。

　　毛毛说："这个老滑头，把咱们骗了！"

　　晶晶胡噜掉满头的菊花叶子，吐出嘴里的菊花，说："呸！呸！咱们天天给他抓田鼠吃，其实他早就能飞！"

　　莎莎补充说："还有虫子！"

　　晶晶说："对！还有莎莎抓的那么多虫子。"

　　毛毛说："他劲儿还挺大，差点把你整个提起来！"

　　莎莎说："这个老科！真狡猾！"

　　毛毛说："走，回家找他算账去！"

　　晶晶高兴地说："反正我玩得挺高兴。"

　　下山路上，莎莎半走半跑紧追他们两个："呃，这几天没看见彩虹哈？"

　　晶晶说："没看见，是不是又上哪儿蜕皮去了？"

　　毛毛说："自从中秋节晚上兔儿爷给咱们讲故事，彩虹就不见了。我那天晚上看见她溜走，没看见她回来。"

哈
哈
哈
哈

莎莎说："没准她跟兔儿爷上月亮了。"

晶晶说："呵呵。彩虹也是个不会吃亏的家伙，跟老科有一拼。"

莎莎说："没了她还是觉得少一个。"

腊八节

腊月八日梁宋俗，家家相传侑僧粥。

腊月初八 腊八节

　　阴历十二月不叫十二月，叫腊月。可是老科说不清楚为什么这么叫。"学问深了"，他说。凡是老科回答不了的问题，就是"学问深了"。

　　天气很冷了。莎莎早已冬眠了，彩虹也一直没露面。就剩毛毛、晶晶和老科每天一起玩。晶晶一回家，看到床上没有彩虹，就想：这姑娘跑哪儿去了呢？别出什么事儿吧？这季节该冬眠了，她在哪儿冬眠呢？哪儿能有晶晶床上好呢？

　　腊月初七这天，地底下就有点不正常。晶晶觉得隐约

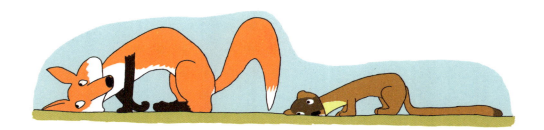

听到地下有雷声，觉得奇怪，就出来找毛毛。毛毛刚从他家出来，也说地下好像轰轰的，挺吓人。再往原野上看，田鼠也跑出来不少，肯定也是听见动静了。

老科刚从村子那边回来，他直接落到毛毛和晶晶面前："可能要地震了，村里的水井直冒气泡。"

晶晶问："如果发生了地震，咱们的洞会塌吗？我好容易建了这个新家，要是塌了就可惜了。"

老科说："那没准。如果地震中心就在咱们这儿，那你的家肯定得塌。如果在远处震，咱们这儿也可能没事儿。不怕一万，只怕万一。你还是别进屋了。"

毛毛说："啊？那莎莎还在她洞里冬眠呢。咱们是不是得把她叫起来啊？"

晶晶说："她一出来就冻死了。而且没有东西吃，还得饿死。"

老科说："那也得叫她起来，没东西吃可以找东西吃，比砸死强。"

毛毛说："咱们可以把'鸡窝'加加固，弄暖和了，咱们都挤在那里面。"

老科说："毛毛，你个儿小，洞就是塌了，也不一定砸着你。你先去把莎莎叫起来，再去你自己家拿些纸笔来。我需要写几张请帖，请大家来吃腊八'百家饭'。"

毛毛说："莎莎还没东西吃呢，你还要请人来吃饭？！"

老科说："现在没时间跟你细讲，快去！"

毛毛刚到莎莎洞口，莎莎的瘦脸就出来了："莎莎，快出来，要地震了。洞里有危险。"

莎莎出来了，晶晶赶紧用自己的大尾巴把她裹起来："莎莎，这儿有一个栗子，你先吃着，等会儿我们再给你找别的吃。"

过两分钟，毛毛拿着笔和纸跑来了。老科把纸裁成很多小张，在大石头上写了很多请帖。他是这样写的：

请帖

明日腊八，请诸位小动物来大杨树下参加腊八"百家饭"活动，自带食物，每个动物请带够两个动物的食物，剩余救助地震灾民。

喜鹊老科

毛毛看完请帖，明白了老科的意思。他又冲进晶晶的家，匆匆取了两床兔皮被和一口大锅出来。兔皮被给莎莎裹上了，大锅准备明天煮腊八粥用。

晶晶跑出去送请帖了。老科和毛毛就开始在附近捡树枝和树叶，加固"鸡窝"，给他们三个做一个临时的家。很快地，这个树枝做的小屋就像一个大大的柴火堆一样，看上去暖暖和和的。莎莎裹着兔皮被，就搬到这个新家去了。毛毛还很快地抓了两只田鼠，给莎莎吃。

晚上毛毛、晶晶和裹着兔皮的莎莎挤在"鸡窝"里睡觉。莎莎给他们讲她冬眠中做的奇异的梦。毛毛说："老科说睡觉能让人脑子变聪明。怪不得你这么聪明呢，原来因为你睡一冬天的觉，一边睡，一边还学新的东西。"

他们都挺高兴地震给他们一个在一起睡觉的机会。

第二天一早就有动物来参加腊八"百家饭"活动了。最早来的是老五和黑莓，他们带来了四条鱼干。毛毛说："欢迎欢迎！老五，一会儿开始煮粥，你帮忙烧火吧。"

　　老五说："行！我烧火，黑莓帮我抱柴火。我太喜欢烧火了。"

　　接着晶晶的表弟一家也来了，他们带来一些田鼠和一些不知哪儿来的白薯干。呼呼和枭枭带来十只小田鼠。大獾一家也来了，他们带来了一口袋麦粒、一口袋黄豆、一口袋栗子。后来来了一群麻雀，他们带来了一些红豆、一些红枣、一些黑豆。连兔子都来了，虽然她们不愿意跟晶

晶和别的狐狸打招呼。但地震可是影响所有动物的事儿，她们带来了好几根胡萝卜。

莎莎帮老五把火点着了，毛毛从河里提来了水，他们把不煮咬不动和储存不住的食物都下锅煮上了。这粥里什么都有，五颜六色的，很好看。除了老五和黑莓照顾火，别的动物就都开始聊地震的奇闻。等"腊八粥"熟了，晾凉了，他们就都吃了个饱。老科给大家讲腊八这个节日的含义："腊八就是寒冬腊月大家互相帮助渡过难关的节。"大家都非常喜欢这个节。过完节，他们都各自回去搭抗震棚了。

毛毛抓了一把红枣，问晶晶："呃，莎莎呢？"

晶晶一边嚼着嘴里的鱼干，一边说："嗯，她点完火好像就回'鸡窝'去睡觉了，大概嫌外边冷吧。"

毛毛往大杨树下面一看，吓了一跳："'鸡窝'呢？"

大杨树下面只剩一个兔皮裹着的莎莎，他们的临时住房没了。

晶晶说："嘿，奇了怪了，咱们的'鸡窝'呢？"

毛毛跑过去看了看地上的脚印："我知道了！让黑莓

给拆了烧火了，她大概以为那是柴火堆呢。怎么办？"

毛毛说："没关系，离天黑还有两个钟头，咱们赶紧再盖一间吧！老科！！来帮忙捡树枝！"

他们仨忙了两个小时，盖了一个更大、更暖和的"鸡窝"。因为时间有限，盖得比较潦草，这个房子就更像一个柴火堆了。

小 年

古传腊月二十三，
灶君朝天欲言事。
云车风马小留连，
家有杯盘丰典祀。

腊月二十三 小年

腊八过完了，大的地震来了。还好，地震中心不在这里，所以轰隆了几下，谁家的洞也没塌。过了两天，地下不再轰轰响了，大家就都搬回家住去了。莎莎觉得腊八跟毛毛和晶晶一块过节特别好玩，自己一冬天都睡觉，错过了很多好玩的节日，太可惜了。所以她说下次过节一定要把她叫醒。只要事先给她准备好兔皮被、红枣和栗子就行。晶晶说："那绝对没问题！"

下一个节就是小年了，也叫祭灶，是在春节之前七天，就是腊月二十三。老科说这个节也是有故事的。他们决定在晶晶家里过，先叫醒了莎莎，还请了老五和黑莓，都来听老科讲故事。

老科说这个故事是灶王爷的故事。灶王爷是个小神仙，跟天上的大神仙不一样，他是我们每一家动物身边的神仙。

老科摆出老师的架势，先把大家都看一遍，提出一个问题："知道'灶'是什么吗？"

晶晶说："灶就是炉子。"

老科点点头："很好。灶就是炉子。"

毛毛捅捅晶晶，模仿老科点头，小声说："很好。"

老科假装没看见："从前有一个人叫张单，他就是给人做炉灶的。他技术很好，工作也努力，还很喜欢帮助别人，所以大家也都喜欢他。只有一个人例外，就是一个女的，叫邹嫂。邹嫂就喜欢批评别人。"

晶晶和毛毛都转头去看兔皮被裹着的莎莎。莎莎说："看我干什么？"

老科假装没看见，接着讲："邹嫂从来不说人好话，专门批评别人，说人坏话。邹嫂说张单长得难看、脏、臭、没本事，没有一点儿优点。结果张单相信了，他很伤心，他吃不下饭，睡不着觉，干不了活，真成了个废物。然后他觉得自己不配活着，就钻进炉灶把自己烧死了。"

莎莎说："他傻啊？"

毛毛说："邹嫂也说他傻。"

晶晶把眼闭上，使劲摇头，理解不了。

老科接着讲："张单搭了一辈子炉灶，他自己没在炉灶里面待过。到了里面被火一烧，张单就忽然一下子想开了：看我搭得炉灶多好！我干吗要死啊？哦，我是被坏话害死的。坏话会伤人，好话会养人。这个道理很多人一辈子都不明白，张单临死被火烧明白了。

可是张单已经被烧成了一个黑炭人，他没法回头了，只能往西走，去阎王殿，去看阎王说怎么办，是上天堂还是下地狱。路上张单碰见一个姑娘迎面走来。这个姑娘身体瘦弱，头发枯黄，目光呆滞，愁眉苦脸，一点儿也不招人喜欢。

张单说：'美丽的姑娘你到哪里去？死人都往西走，活人到不了这儿。你肯定是天仙啦？'

姑娘听说她'美丽'，眼睛就亮了。她说：'我是阎王的女儿。阎王殿里黑暗阴冷，一群小鬼又坏又丑。天上仙女都嘲笑我又难看又傻。我不在那儿待着了。'

张单说：'你不仅美丽，而且聪明。听到坏话知道躲开，比我聪明多了。我听了坏话以后，真相信了，结果钻到灶洞里面，把自己烧死了。你看我这有多傻。'

阎王的女儿听了这话就笑了。她一笑就漂亮了，连头发都变黑，有光泽了。

张单说：'你说阎王殿黑暗阴冷。我去给他们搭一个炉灶吧。咱们给你爸做一锅热汤，让小鬼也暖和暖和。'

阎王的女儿微笑了：'就按你说的办。'

他俩就去了阎王殿。阎王见到自己女儿变得又漂亮又快乐，高兴得不得了。张单搭了一个非常大的炉灶，火一

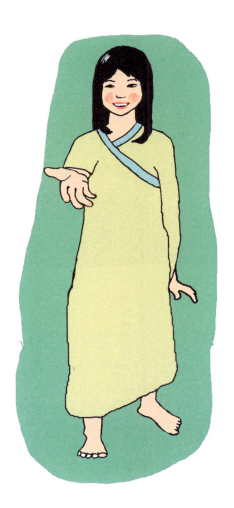

着起来，整个阎王殿都亮起来了，连墙上嵌的宝石都闪闪发光。所有的小鬼都说：'喔！哇！以前不知道这个地方这么漂亮。'

姑娘派小鬼去抓了鱼，等鱼汤煮熟了，香气充满了整个屋子，所有的小鬼都把鼻子凑近了去闻：'嗯，哈——，好香啊'。他们把鱼汤分了喝了，然后他们都变得善良有礼貌了。

阎王听了张单的故事以后，就决定让他做一个神仙，到人间的每家每户，当'灶王爷'。每年从正月初一到小年，跟这家人住在一起，时时鼓励他们，表扬他们，让他们战胜坏话，相信自己的优点。然后到小年这天，灶王爷就飞到天上去跟玉皇大帝汇报人间的好人好事。后来阎王的女儿呢，就做了灶王奶奶。

　　因为灶王爷总是说好话，鼓励大家，所以人们每年过小年祭灶的时候，都要给他糖吃，表示感谢。"

毛毛说："我也想喝鱼汤。喝完我就……"他想不出来他想变什么样，"我也可以有礼貌。"

莎莎说："你们觉得彩虹走了是不是因为咱们没有鼓励她呢？"

晶晶说："咱们经常说她懒。"

毛毛说："她是够懒的。不过她是一条蛇，蛇都是懒懒的，特别是吃饱了以后。所以懒大概不能算她的缺点，只能说是天性。少动就节能，节能也是个优点。"

晶晶想起来彩虹绕在他脖子上那两回："她还很缠人，还有点冷血。不过也可以理解，不算缺点。夏天缠脖子上还挺凉快。她还把我缠树上，救过我的命。"

莎莎说："彩虹特聪明，想法都跟别人不一样。她故事也讲得很好。"

毛毛说："嗯。她会说'咨询''咨——询'。赶明儿她回来，咱们得告诉她。要不然她可能觉得咱们不喜欢她，回头该钻灶洞了。"

莎莎说："真希望她快回来！快过年了。我就这么一个愿望！"

春 节

千门万户曈曈日，
总把新桃换旧符。

正月初一 春节

　　彩虹中秋节晚上钻进了兔儿爷和吴刚的 UFO，藏在椅子底下，"偷渡"到了月亮。UFO 一落地，彩虹就从椅子底下钻出来，吓了吴刚一大跳："哎呀妈，一条蛇！"。

　　兔儿爷说："啊，彩虹姑娘，你到我们家来做客了，欢迎，欢迎！月亮上环境跟地球上很不一样，你得在我们的温室里待着。

彩虹说："兔儿爷，吴爷爷，不好意思我偷偷来了。我是想跟你们学医，以后好给小动物看病。"

兔儿爷说："你的想法很好啊。我可以教你一些基础的东西。不过我们的温室里药材很有限，也只能打个基础。我自己学医是从在地球上吃百草开始的，吃得我直拉稀。"

彩虹就这样在月亮的温室里住了下来，每天跟兔子学医，下了课就看看嫦娥，看看吴刚，看看叫金蟾的三条腿大癞蛤蟆，还有看兔子和吴刚下棋、斗嘴。然后在桂花树上懒着。一开始什么都新鲜，过了一段时间月亮上的生活就显得单调了，每天都是老一套。彩虹开始想毛毛、莎莎、晶晶和老科，想地球上有意思的地方、有意思的事情。过了一个月，彩虹就特别特别想家了。彩虹不说，可是兔儿爷从她望着地球的眼光里可以看得出：蛇姑娘忧伤了。

下棋的时候，兔子和吴刚说："蛇姑娘想家了，过年前咱们得把她送回去。"

吴刚说："她是一个冷血动物。她什么时候看我，眼光都是冷冷的。她会想家吗？"

兔子说："老朋友，你知道吗？我头一次见到你时，

你眼光就跟一条死鱼一样。我当时就想，糟了，月亮上就这么个伴儿，如果是痴呆，这可怎么过？彩虹想学医给小动物看病，你能说她没有情感？"

吴刚把一个棋子用手指一弹，正打在兔子鼻尖上："我死鱼？！我还以为你是一头白毛驴呢！哪天走？"

兔子说："我先跟她聊聊吧。"

这天讲完了课，兔子就问彩虹，快过年了，想不想回家。没想到彩虹低下头说："我没有家，从小就是孤儿。没人喜欢我，回故乡去也没意思。"说着还掉下一滴眼泪。

兔子想了想。他说："因为每年你都冬眠，你可能不知道，这个每年冬天啊，从过小年送灶王爷上天到**正月初一**过大年（也叫春节），正好一个星期，这一个星期里没有灶王爷在那儿鼓励大家了，有一个妖怪就趁机来害人了。这个妖怪的名字就是'年'。"

彩虹说："它怎么能叫年？是因为它黏？像糨糊一样？"

兔子说："可能吧。年是看不见摸不着的妖怪，专门往人脑子里钻。"

彩虹觉得兔子这是给小孩编故事，勉强笑了笑："然

后呢？"

兔子说："然后它就把你脑子里的快乐都吸走了，光给你留下悲伤、绝望，然后你很痛苦就不想活了。"

彩虹听了就想，这不是说我吗？我的快乐已经被吸走了，只剩下悲伤和绝望："那怎么办？"

兔子说："怎么办啊？人们总结出来几点：第一挂红色的年画、窗花、灯笼，年怕红；第二点爆竹，年怕吵；第三，也是最重要的，是全家团圆。人全了，互相关心，互相鼓励，年就吓跑了。"

彩虹说："哦，怪不得听说过年很热闹，原来都是为了把妖怪吓跑。"

兔子说："我听说最近毛毛那个黄鼠狼、莎莎那个刺

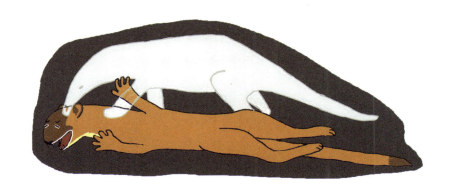

猬，还有晶晶那个小狐狸都被妖怪钻进了脑子，都没有笑脸了。”

彩虹说：“毛毛？不会的。那是个没心没肺成天嘻嘻哈哈的家伙，妖怪还没靠近他，就让他一屁熏跑了。”想起毛毛的样子，彩虹忍不住微笑了一下。

兔子说：“是吗？反正我是听说的。本来我以为你们是一家的呢，你回去和他们团聚能把妖怪赶走，把他们都救了。因为只有你是冷血，妖怪不钻冷血动物的脑子。另外只有你能看到妖怪，因为你们蛇能看到红外线。你们要不是一家的，那就算了，当我没说。必须是家人，最关心最爱护你的人，才能从妖怪手里救你。别人还不行。”

彩虹问：“他们真病了？你不骗我？”

兔子说："他们真病了，先是莎莎，冬眠中让妖怪粘住了，她噩梦一醒，就十分痛苦；毛毛看她可怜，跟妖怪说，'你抓我吧，把她放了。我替她。'结果妖怪说话不算话，莎莎没救成，毛毛也被妖怪钻了脑子；最后是晶晶，他也去救他俩，结果他也中魔了。"

彩虹着急了："赶紧送我回家吧！我必须去救她们。我们就是一家人。我最近想她们想得心疼，大概就是因为他们需要我。"

兔子喊吴刚："吴刚！启动 UFO！目标大杨树！"

彩虹竖在 UFO 的驾驶窗前，看着外面黑黑的夜空，想到就要回到朋友中间去救他们，她默默作了一首诗：

像流星飞在夜里，

你受苦我很着急，

我来了，我来了，

让我把希望给你。

去战胜年的妖气，

迎接新春的欢喜，

我来了，我来了，

来救我姐妹兄弟！

这首诗给她心里带来一种从来没有过的、奇异的感觉，好像血都变热了。

彩虹在春节前一天，就是除夕，回到了大杨树的小朋友和老朋友们中间。她发现没有"年"这个妖怪，毛毛、

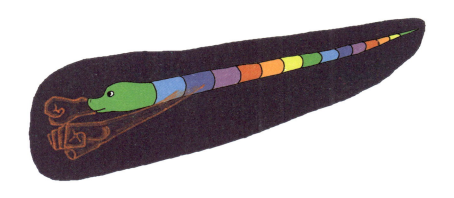

　　莎莎和晶晶都没有病。他们已经用红纸剪了窗花、画了年画，准备了爆竹，还有好多好吃的。他们见到她都高兴极了。莎莎还告诉她，她春节唯一的愿望就是彩虹回家来，现在愿望实现了。他们都夸彩虹聪明、勇敢、有爱心，说过去只是没有告诉她。

　　彩虹明白是兔爷爷把她骗了，可是她没有生气。因为她懂了妖怪原来是有的，不过是在她自己心里。兔爷爷帮她走出了孤独，融化了她心里的冰块，而且把她送回了家。

　　在毛毛看来，这个大年过得最好。因为莎莎和彩虹都没有冬眠，都头一次在一起过年；老科身体恢复了，精神也比什么时候都好；老五来了，说黑莓春天就要生小宝宝了，到时候还要请毛毛和晶晶作干爹，这下又该有鱼吃了；晶晶腊八认识了一个小女朋友——一只极漂亮的狐狸茸茸；毛毛自己画了一大堆年画、贺年卡、消寒图，大家都很喜欢。毛毛还画了一个大大的福字，他问老科："都说福到了，福到了，福是什么？"

"在你爱和爱你的动物中间，"老科说，"这就是'福'字的意思。说谁'有福'就是说有很多人爱他。"

毛毛说："哦。我得把自己画里边去。哪头儿朝上啊？"

图书在版编目（CIP）数据

黄鼠狼毛毛的中国节 ／ 杨炽著. —— 济南 ：山东
人民出版社，2017.7（2018.3重印）
ISBN 978-7-209-10574-3

Ⅰ．①黄… Ⅱ．①杨… Ⅲ．①节日－风俗习惯－
中国－儿童读物 Ⅳ．①K892.1-49

中国版本图书馆CIP数据核字(2017)第086056号

黄鼠狼毛毛的中国节

杨炽　著

主管部门　山东出版传媒股份有限公司
出版发行　山东人民出版社
社　　址　济南市英雄山路165号
邮　　编　250002
电　　话　总编室（0531）82098914
　　　　　市场部（0531）82098027
网　　址　http://www.sd-book.com.cn
印　　装　济南新先锋彩印有限公司
经　　销　新华书店

规　　格　16开（170mm×210mm）
印　　张　8
字　　数　30千字
版　　次　2017年7月第1版
印　　次　2018年3月第2次
ISBN 978-7-209-10574-3
定　　价　36.00元
　　　　　如有印装质量问题，请与出版社总编室联系调换。